AF143887

Jean-Pascal Farges

Non Monsieur Fukuyama, l'histoire n'est pas finie !

Soyons imprévisibles et incertains !

Essai

Δ×Δp ≥ ħ/2

Cette formule mathématique exprime le principe
d'incertitude de Werner Heisenberg théorisé en
1927; nous pourrions la traduire de cette façon :
dès lors que l'on connaît parfaitement la position
d'une particule, on ne peut en connaître la vitesse
et inversement. Autrement dit, le comportement de
la matière n'est pas prévisible, nous ne pouvons
alors nous exprimer qu'en termes de probabilité
pour le décrire. Nous sommes dans l'infiniment
petit mais le principe pose la question de
l'incertitude du monde confrontée à notre propre
incertitude.

A la suite de la chute du mur de Berlin et de l'effondrement des régimes communistes des pays dits de l'Est, la fin de l'histoire fut annoncée par Francis Fukuyama (philosophe américain) ; dès lors qu'une idéologie n'était plus contestée, elle n'était plus contestable, le monde avait trouvé sa fin sans que plus rien ne se transforme plus : « un point final de l'évolution idéologique de l'Humanité et l'universalisation de la Démocratie libérale comme forme finale de gouvernement humain. » affirme le philosophe. Hegel avait tenu des propos similaires en 1806, quand la victoire d'Iéna semblait annoncer l'universalisation de la démocratie.

Selon cette hypothèse, l'incertain ne contribuerait plus au futur, l'histoire se figerait, les humains seraient définitivement déterminés à un avenir certain. C'est bien à cet absolu que nous sommes condamnés par la certitude régnante, une universalité comportementale déterminée de tous les peuples : consommateurs et électeurs.

La fin de l'histoire semble en effet s'emparer des systèmes qui se mondialisent ? De nouvelles formes de pouvoir à tendance universelle apparaissent : les marchés, l'OMC, le FMI, la Commission Européenne et d'autres disparaissent : les Nations et les peuples.

Reste t-il encore un phénomène étrange qui ne nous condamne pas à cette désolante perspective où plus rien ne dépendrait de nous, où nous serions à ce point prévisibles que l'histoire s'achèverait sans notre disparition ?

L'universalité marchande aurait-elle éteint notre part d'incertitude, celle qui jaillit quand l'uniformité dénie nos aspirations, quand nos destins sont livrés au despotisme commercial ?

Penser et faire avec le monde, cultiver notre imprévisibilité pour nous soustraire aux pouvoirs et ainsi, rendre le monde à notre image : incertain.

I

Redevenir incertain

Certain – incertain

Pour Platon et Aristote ce qui est stable est connaissance certaine, ce qui est mouvement est connaissance probable.

Newton nous invite au monde du poids, stable, connaissable, mesurable. Einstein nous transforme en événements mouvants, nomades, légers pour qu'Heisenberg nous suppose probables, incertains.

Incertus n'est pas une notion nouvelle, elle appartenait aux dieux ; elle était dite par les augures ou par les prophètes la rendant ainsi *certus* : une croyance.

Quand la croyance s'effondre, reste l'incertitude : la chute de l'ange.

Copernic, Bruno, Newton, Darwin…, ceux d'avant et ceux d'après rompirent le charme. Ils nous ont chassés du centre de l'univers. Nous nous découvrons habitants d'une banlieue, bannis donc, à peine debout avec quelques restes de poils (pour nous souvenir) ; condamnés à la décomposition organique, responsables de notre destin ; aucun échappatoire. Ici et maintenant tant que ça dure !

Quelle déchéance, après avoir été filles et fils de Dieu, notre père est un singe. Après avoir été au centre, nous voilà à la périphérie d'un gigantesque vide. Vu comme ça, cela n'a aucun sens ; mais peut-on voir autrement ce réel écrasant ?

En 1200, les croisés, à la recherche du certain, rencontrent le hasard (du mot arabe *az-zhar*) et reviennent avec la contingence, l'aléa, l'incertain…

12

sans cause. Le hasard, pour qu'il soit acceptable devient providence divine (une nécessité planifiée), compensant ainsi la limitation du savoir humain.

Hasard, incertitude, contingence, aléa… ce qui nous échappe, qui ne se soumet pas à la croyance (au certain) au risque d'être soustrait de notre réel, au risque de développer l'espoir donc la crainte ; crainte de ne pas accéder à ce qui est espéré.

Lutter contre l'incertitude c'est battre la mer pour la punir de la tempête (Darius). Assouplir sa rigidité pour accueillir l'incertitude c'est se poser la question de sa croyance et, en cela, évacuer ses certitudes.

Quelques réflexions possibles à la lumière des sciences et de l'Histoire :

. Créer de l'incertitude c'est être en mouvement (mouvement du corps, mouvement de l'esprit). Si nous voulons échapper à l'observation des systèmes, inutile de se cacher : bougeons !

. Le réel n'a pas de sens, lui en donner est le début de la dévotion, de l'aliénation donc. Méfions-nous de ceux qui donnent du sens (prélats, managers, politiques, idéologues...).

Certitude et croyance ?

Incertus : « qui n'est pas précis, qui n'est pas sûr, dont la nature n'est pas claire » ; la physique utilise trois mots : incertitude, indétermination, imprécision.

Certus : « déterminé, établi », participe passé du verbe *Cernere* : « décider, déterminer, discerner »

L'étymologie et l'usage des mots certain et incertain, nous invitent à une première réflexion.

La certitude est un jugement de l'esprit qui ne supporte pas le doute. Descartes ajoute le vrai au certain. Charles Renouvier nous invite à envisager la seule présence d'hommes certains et l'absence totale de certitude.

La certitude est une attitude de la pensée : un jugement définitif, une évidence, une vérité établie (*certus*).

La certitude, en tant qu'attitude, est une croyance et elle ne rend pas compte du réel.

Le réel, pour être appréhendé, fait l'objet d'un discernement (*cernere*), d'une séparation des éléments constitutifs pour les évaluer chacun et constater les liaisons entre eux. Le discernement est un exercice de l'esprit dont la finalité est de considérer le réel comme il est, évitant ainsi de l'appréhender comme on le pense. Créer de l'objectif à partir du subjectif ; s'extraire de la croyance, de la certitude.

Il se pourrait que discerner consiste à stabiliser le réel pour l'appréhender momentanément même si le réel ainsi découvert n'est pas certain (ce serait alors une croyance) soumis à la relativité et à l'incertitude. En d'autres termes, le discernement nous révèle un réel relatif, stable momentanément, incomplet mais seule matière à notre disposition. Nous éviterons alors la tentation de réclamer ce qui nous manque pour profiter de ce dont nous disposons.

Discerner c'est utiliser les situations pour ne pas être utilisés par elles, c'est créer de l'instabilité à partir du stable, c'est ajouter de l'inconnu au connu ; c'est briser la certitude.

Chemins de sagesse

Il y eut en leur temps quelques sages qui interrogèrent l'incertitude pour qu'elle réponde.

. *L'incertitude : une expérience jubilatoire du monde*

Les sceptiques par exemple nous indiquaient que les choses sont incertaines parce que notre esprit est insuffisant pour les considérer en totalité. Dès lors, *« l'opinion règne en toutes choses »* disait Xénophane.

Nous ne pourrons alors jamais approcher la vérité, nos connaissances seront toujours limitées, nos jugements définitifs sont vains. Devrions-nous nous abandonner à la tristesse pour autant ? Quand un Homme ne peut plus rien, il pleure.

Montaigne nous propose de remplacer la certitude par le mouvement de l'esprit confronté au mouvement de la vie. Le chemin incertain est une jubilation dès lors que nous nous abandonnons au mouvement, à l'inattendu, aux imprévus. Le point fixe, s'il existe, étant hors de portée, sachons naviguer, nous laisser porter par le flux. S'appuyer sur le mouvement pour en faire des instants de joie, des rebondissements ludiques sans crainte puisque sans espérance ; sans vérité, sans certitude, reste un monde à expérimenter !

« *L'homme est malmené non pas tant par les événements que, surtout, par ce qu'il pense des événements.* » Montaigne

. *La santé du moment « carpe diem »*

« *Voilà ce qui te suffit : Le jugement que tu es en train de porter en ce moment sur la réalité, pourvu qu'il soit objectif.*

L'action que tu es en train de faire en ce moment, pourvu qu'elle soit accomplie pour le service de la communauté humaine.

La disposition intérieure dans laquelle tu te trouves en ce moment même, pourvu qu'elle soit une disposition de joie devant la conjonction des événements que produit la causalité extérieure. » Marc-Aurèle

Les choses sont de deux natures, celles qui dépendent de nous et celles qui ne dépendent pas de nous. Agir sur les premières et aimer les secondes ôtent toute crainte de ce qui peut advenir.

« *Il faut séparer ces deux choses : la crainte de l'avenir et le souvenir des difficultés d'autrefois : ceci ne me concerne plus, ceci ne me concerne pas encore. Le sage jouit du présent sans dépendre du futur. Libéré des lourds soucis qui torturent l'âme, il n'espère rien, il ne désire rien et il ne s'élance pas dans l'incertain, car il se contente de ce qu'il a. Et ne crois pas qu'il se contente de peu, car ce qu'il a, c'est toutes choses. »*

Sénèque

De notre responsabilité

Le mot responsabilité a été utilisé dans la langue française en 1788, comme signe annonciateur de la responsabilité des peuples quant à leur destin. Après une longue période où le libre-arbitre déterminait nos choix, la notion de responsabilité fut interrogée par les Lumières pour qu'Hans Jonas nous invite à cette réflexion : « *Or il y a encore un tout autre concept de responsabilité qui ne concerne pas le calcul **ex post facto** de ce qui a été fait, mais la détermination de ce qui est à faire; un concept en vertu duquel je me sens responsable non en premier lieu de mon comportement et de ses conséquences, mais de la **chose** qui revendique mon agir*» – *Le Principe de responsabilité* –

Jonas nous invite à une responsabilité du « à faire » et du « ne pas laisser faire ». En d'autres termes, notre responsabilité nous presse à faire ce qui est en notre pouvoir et ne pas laisser faire ce que l'incertitude nous propose quand cela semble nous éloigner de notre éthique ; ne pas laisser faire la maladie nous invite à soigner.

Provisoirement, la responsabilité ultime nous est proposée par Lévinas : « *"la responsabilité est quelque chose qui s'impose à moi à la vue du visage d'autrui."* L'autre, l'incertain, celui qui n'est pas moi me convoque à « *Je suis MOI dans la seule mesure où je suis responsable* ». C'est l'idée clé de l'éthique, un fil d'Ariane certain (il dépend de moi de le lâcher ou non) dans le labyrinthe incertain qu'est l'autre.

Si l'incertitude est l'autre, il s'agit d'apprivoiser celle-ci sans capturer celui –là.

Retenir ici que nous sommes responsables de ce qui nécessite nos actions; au nom de quoi ? Au nom d'une éthique de l'autre ! La certitude envahit nos relations en les défaisant, en les isolants, en émiettant les solidarités ; pour les systèmes totalisants, le risque vient de la relation des uns aux autres non contrôlée, incertaine.

Les chemins incertains

Les yeux parcourent la Beauce pour s'arrêter sur la flèche de Chartres. A l'entrée de la cathédrale, un labyrinthe de onze anneaux, périlleux chemin vers Dieu.

Fils de Dédale, le minotaure enfermé dans un labyrinthe obscur, succombe à Thésée sorti vainqueur grâce à un fil magique qui lui permit de retrouver son chemin.

Entre la naissance et la mort, un labyrinthe : une entrée, un chemin fait de repères, d'obstacles, d'impasses, de reculs, de signaux, d'indices, de répits, de terres promises, de trésors : la vie en somme.

Le labyrinthe est probablement la plus ancienne et la plus constante métaphore de l'incertitude : il nous apprend à vivre. Les épopées fondatrices (Bible, Gilgamesh, Eneides…) racontent l'aventure humaine à travers les dédales incertains de la vie. Il nous empêche de marcher droit, dans les rues des médinas, dans les jardins de Versailles, dans les dédales d'Alice ; il nous empêche de penser droit (méandres du cerveau), il nous empêche de représenter droit, (les mandalas, les hiéroglyphes égyptiens, les tumulus préhistoriques) ; il nous empêche de transmettre droit (Le labyrinthe de l'ADN), de jouer droit (jeu de l'oie).

« *Le labyrinthe n'est pas le lieu où l'on se perd mais le lieu d'où l'on sort perdu* ». Michel Foucault, avec, pourrait-on ajouter, un fil (d'Ariane) en plus, un chemin en plus, une idée d'un chemin en plus ; nous dirions maintenant : une alternative supplémentaire.

Parcourir un labyrinthe, c'est rencontrer

l'échec : chemin en impasse, absence de sortie, retour en arrière, reprise du même chemin ; expérience de la persévérance et de l'échec à l'abri des regards, sans transparence.

Echec (*eschec*) : butin ; il s'agirait d'un trésor de l'expérience, se heurter et apprendre du heurt, revenir et apprendre du retour. Apprendre pour alléger l'esprit meurtri par l'impuissance, pour le dégager de la mauvaise expérience et accéder à un savoir supplémentaire, s'alléger pour parcourir le labyrinthe.

La « morale du ressentiment » de Nietzsche pèse sur nous, nous emprisonne et, pesants, nous sommes peu mobiles. Rendons ce poids aux thuriféraires de la faute originelle ; ainsi allégés, redevenons mouvants, inconnaissables aux yeux des grands prêtres, imprévisibles et incontrôlables pour les systèmes.

Jeu de l'incertitude

Le réel est, selon Kant, objectif en l'état quand il est décrit par la science (l'observation) ; il devient subjectif quand nous avons un projet pour lui : une conviction.

Christophe Colomb dispose de la cartographie de son époque (un réel objectif) et la conviction qu'il peut augmenter le réel (conviction subjective).

Jouer au jeu de l'incertitude c'est augmenter le réel, augmenter la surface de jeu de l'oie, augmenter le terrain de jeu.

L'incertitude ne nie pas la conviction mais introduit un aléa dans ses conditions de réalisation. Autrement dit, la conviction ne peut être affectée par l'incertitude. Si l'incertitude est invariante, la conviction l'est tout autant. Dans le cas contraire, ce n'est pas une conviction, tout juste une opinion. La conviction ne dépend pas de phénomènes extérieurs, elle vient de soi ou de nous. Si nous devions placer notre confiance, ce serait dans notre conviction, intangible et fidèle ; l'erreur serait d'être confiants dans les choses qui ne dépendent pas de nous. Ces choses-là, aimons-les parce qu'elles sont ; aimer dans ce cas, c'est faire sien ce qui survient.

Réinvestir notre conviction, l'enrichir par le mouvement, le sublimer par l'échec avec cette conviction : ne pas laisser les choses en l'état.

Jeux de l'histoire

Entre 1346 et 1353, la peste tue vingt quatre millions d'humains en Europe. Il aura fallu un siècle pour sortir de la crainte, de la frayeur, de la terreur pour mettre en œuvre des prophylaxies publiques.

Le 5 septembre 1942, les armées allemandes entrent dans Stalingrad (Volgograd aujourd'hui). Les Russes, pris entre les armées allemandes et la Volga résistèrent pour deux raisons : concentrer toujours plus de forces allemandes sur le périmètre et permettre à l'Etat-Major d'envisager une stratégie d'encerclement.

Dans les deux cas (Peste et Stalingrad), il fallut se soustraire à la peur, à la crainte, à l'angoisse, à la croyance pour mieux observer puis décider.

Les regards de la crainte sont étroits, raides, partiaux et partiels, ils nous invitent à la réaction instinctive ou à l'attente angoissante.

Il n'est rien dans l'horizon incertain qui soit prédictible, la crainte obscurcit ces horizons ou les trouble de notre espérance. Encombrement de l'esprit, scenario mental saturant la raison, la crainte alourdit la pensée, entrave l'action.

L'incertitude nous échappe, elle ne dépend pas de nous, c'est une sonnerie de téléphone pendant une pièce de théâtre, un accident.

L'accident

L'accident décrit un ensemble d'événements imprévus qui se manifestent dans une situation la rendant ainsi singulière.

Selon Aristote, un accident est une modification de l'être.

« Accidens » en latin a traduit le mot grec Symbole.

Nous y voilà ; le symbole, ce qui unit, la mort à la vie, qui enterre un passé pour laisser la place à un futur libre du déjà vu, enraciné dans le déjà vécu.

Les accidents sont l'expression de la vie même ; ils nous proposent de ne plus répéter, de ne plus redoubler, d'intégrer ceux-ci comme une chance d'apprendre, comme une expérience existentielle aussi anodine soit-elle.

Se priverait-on alors d'une expérience existentielle alors qu'elle est la promesse du vivant ?

Nos éducations, nos enseignements, nos croyances, nous ont appris à nous recroqueviller sur nos stratégies, nos visions expertes, nos business-plans, nos précautions, nos inerties… nos peurs. L'accident est exclu voire combattu et l'ensemble de notre éducation a reposé sur la maîtrise, la non survenance de l'accident c'est-à-dire l'absence de modification de l'être.

Accepter l'accident et développer notre capacité à jouer avec lui. Il s'agit bien d'un jeu dont la seule règle est l'accueil de l'imprévu et la seule évaluation est le plaisir de jouer. Ce jeu est infini car ses combinaisons sont incertaines, inattendues, surprenantes.

Sommes-nous alors condamnés à subir l'aléa du destin ?

Accepter n'est pas subir ! Accepter, c'est intégrer cette part du réel qui nous échappe et en faire une chance ; nos destins s'expriment dans cette capacité à jouer, à être en scène, ne dépendant ni d'un hasard ni d'une volonté surnaturelle. C'est ce qui fait de nous des Hommes libres.

Nous sommes en scène pour éviter l'obscène (*ob-scenus* : à la place de la scène).

Nous sommes en scène pour influer notre réel, répondre à notre insatisfaction du monde tel qu'il est ou faire le choix délibéré du monde que nous voulons : ne pas laisser faire.

Nous sommes en scène avec nos mystères d'Homme.

L'accident c'est l'autre, l'imprévisible, l'inconnu. Nous jouons les uns avec les autres et sommes toujours surpris ; surpris à convoquer notre monde sensible, nos émotions, cette partie insaisissable de notre humanité, cette partie joueuse et joyeuse, réconciliant ainsi raison et sensation pour un théâtre vivant.

Le théâtre grec a accompagné la naissance de la démocratie ; quand la démocratie a péri, le théâtre s'est éteint avant elle, annonciateur de la fin d'une liberté.

Il y a là une leçon à tirer ; les totalitarismes luttent contre l'humanité de l'homme et contre les spectacles qui l'invitent à l'émotion et au sentiment. Le monde romain finissant a remplacé le théâtre par le sang du cirque, ultime vulgarité où l'individu baisse le pouce (l'envoi de « sms » dirait-on maintenant) pour le sacrifice final.

Il nous reste nos rêves, de ces rêves qui nous dépassent, grands pour ne pas les perdre de vue.

Il nous reste nos chemins pour aller vers nos rêves, chemins qui s'épaississent d'expériences, d'émotions, de vie. Qu'importe le résultat, succès ou échec, les chemins forment les Hommes.

Les sociétés totalitaires contemporaines luttent contre la survenance de l'accident, maternisant les peuples, restreignant les libertés individuelles au nom de la précaution. Prisonniers de la règle, nous sommes prévisibles, gouvernables, asservis. Notre incertitude éradiquée, nous sommes stables, connaissables, contrôlables, sécurisés.

L'être incertain

Voyageons légers, laissons les craintes, peurs et croyances aux muséex de la vie. Gardons le rêve mais faisons-le sien, indépendant des circonstances et dépendant de la volonté. Nous saurons suivre les méandres labyrinthiques, délestant les barques du poids de nos échecs, des fatigues de l'attente, des craintes de la peur. Saisissons-nous du fil d'Ariane pour cheminer confiant vers les destinations que nous avons décidées. Nous avons nommé nos craintes, nous avons nommé nos échecs, nous avons nommé nos croyances et avons mis devant nous le poids dans les pages d'une histoire, légers pour en commencer une autre.

Et puis reprenons le pouvoir, devenons moins

prévisibles. Le pouvoir que nous détenons est proportionnel à la marge d'incertitude que nous entretenons par rapport à nos comportements futurs. En d'autres mots : si l'on peut facilement prédire ce que nous allons faire, notre pouvoir est nul.

Repérons les carrefours ; chacun de nos actes, même le plus insignifiant, est le fruit d'un choix. Dans notre vie de tous les jours, nous n'avons pas l'impression de prendre des décisions importantes, parce que nous avons transformé nos choix en routines. Pour devenir moins prévisibles, il nous faut nécessairement apprendre à repérer les carrefours qui se dissimulent dans les moments d'assoupissement du quotidien.

Osons les « pourquoi » !

Pourquoi faire les choses comme ça plutôt qu'autrement ? Une question simple pour échapper à nos automatismes et transformer en décisions ce qui auparavant n'était qu'habitude.

Nos vies dépendent de nous mais nous avons délégué ce pouvoir par le bulletin de vote et la prière à d'autres que nous. Nous en payons le prix fort : serviles et consentants.

Jouons maintenant !

« *En amour, je ne peux jamais avoir une connaissance qui me dispense d'avoir confiance dans la personne que j'aime.* » Jean-Luc Marion (Philosophe contemporain)

Survoler l'incertitude alors qu'elle nous survole, égarer notre pensée pour ne pas qu'elle se perde, nous voilà maintenant au pied de l'expérience ; elle vaut seule dans ces moments où l'attente nous brise, où la dépendance se fait sentir plus lourdement, où le temps semble insupportablement se figer, où l'espoir fait place à sa sœur : la crainte.

Jetons les poids de l'instant sur la marelle, retrouvons la légèreté enfantine des sauts qui conduisent au ciel, renouons avec ces joies de l'instant du jeu pour mieux rire de l'incertitude sans la laisser rire de nous. Enfin, au ciel, nous reviendrons sur terre « qui est si belle » pour y ouvrir les chemins du hasard avec la conviction de pouvoir aller plus loin.

Jouons maintenant !

« *Quitte à vivre dans l'incertitude, autant que cela serve ma vocation. Là au moins, les choses dépendent de moi.* » Thibaud, ingénieur, en reconversion, 32 ans – Extrait des propos recueillis par Martin Legros pour Philosophie Magazine Mai 2010.

II

L'incertitude pour résister

Les censeurs

Il existe deux sortes de machines selon Von Foerster (Physicien, 1911 – 2002), celles dont on peut prévoir le fonctionnement, les machines triviales et celle dont le fonctionnement est imprévisible, les machines non triviales.

Quand nous entrons des données connues dans une machine triviale, nous sommes certains de ce que nous obtiendrons. Ces machines sont transparentes : leur fonctionnement est connu.

Faisons la même opération avec une machine non-triviale, il est possible que nous obtenions le même résultat mais sans certitude.

Si nous entrons dans une machine non-triviale la donnée ₁ « achète cette marque de café », il est possible que cette machine fasse ce qu'on lui demande mais il est possible qu'elle ne le fasse pas ; c'est cette imprévisibilité qui la différencie de la machine triviale.

Nous sommes ces machines imprévisibles capables de dire « non » là où le « oui » est attendu et inversement. Nous sommes incertains et c'est insupportable pour tout système de pouvoir qui tente par tous les moyens de réduire cette incertitude et, ainsi, nous empêche de jouer.

Qui nous empêche d'être incertains ? Qui nous contraint à être prévisibles ? Qui sont ces censeurs du vivant ?

La religion

Aux codes moraux bien antérieurs aux religions, celles-ci ont ajouté des codes comportementaux dans le but de réduire les incertitudes des individus : code alimentaire, code des pratiques sexuelles, etc. Tous ces codes touchent à l'intimité et au quotidien ; l'objectif poursuivi est la parfaite maîtrise du comportement des masses (le ramadan dans un pays musulman nous en donne une idée).

Les machines non-triviales ne sont pas « transparentes », leur fonctionnement nous échappe en partie ; certaines religions ont trouvé la parade : la confession ; livrer son intériorité à un tiers, supprimer les frontières intimes, se rendre à la trivialité exigée pour une absolution performative.

Les autocritiques des déviants sous le régime de Mao ou celles imaginées dans 1984 de George Orwell ne poursuivent pas d'autres buts : l'offrande de sa part d'incertitude aux pouvoirs ; le conditionnement à la prévisibilité : transparence de l'âme !

La certitude est l'opium des dictatures.

Le management

Expression contemporaine du pouvoir, le management est une accumulation d'un ensemble de pratiques théorisées depuis la première révolution industrielle

Fin du XIXe siècle, Taylor prône la normalisation des tâches, puis Fayol les fonctionnalise, Weber les bureaucratise, Drücker, aujourd'hui, les objective. Dans tous les cas il s'agit, par la discipline ou par la manipulation du verbe, d'obtenir l'obéissance des employés (machines triviales) d'une entreprise dans la poursuite d'intérêts qui ne sont pas les leurs. Si, un temps, les mouvements, sociaux et syndicaux ont tenté de résister à l'oppression managériale, ils sont, aujourd'hui, devenus prévisibles. L'incertitude des comportements de refus des employés a été réduite :

chantage à l'emploi, menaces de délocalisation, répression (sous forme d'évaluation), institutionnalisation des syndicats.

Les discours guerriers des managers, les impératifs de performance (concept équin), de productivité (concept mécaniste), poussent au dysfonctionnement des « machines non-triviales » induisant des souffrances (stress, dépression…) dont, pour certaines, la seule issue est le suicide (auto-destruction) ; être non-trivial ou mourir !

Le management est une théorie qui prétend rendre trivial ce qui, par nature, ne l'est pas.

Comme tout pouvoir illégitime, les pouvoirs managériaux recherchent la transparence : tests d'évaluation pseudo-psychologiques, coaching… Arrêtons-nous un instant sur cette frontière franchie par le management sans que cela ait été relevé par quiconque alors qu'il s'agit d'un viol de personnalité manifeste. Faussement légitimés par des « pseudo-sciences » : psychologie et psychanalyse dont on connait les fondements scientifiques fantaisistes (redécouverts récemment par Michel Onfray), les tests auxquels se soumettent les employés de l'entreprise typent leurs comportements. Les résultats des tests de personnalité et autres méthodes incursives sont interprétés subjectivement (pléonasme) et transformés en vérité scientifique absolue faisant ainsi obligation aux personnes testées d'endosser rôle déterminé, de manifester une qualité présumée, d'exprimer une aptitude supposée ; un véritable processus de conditionnement. Plus rien de soi n'est caché à la hiérarchie ; nous voilà ressources exploitées, triviales : transparence de l'esprit.

Les marchés

Ils existent parce qu'ils croissent et pour croître ils doivent impérativement réduire la part d'incertitude du comportement des individus. Les marchands ont développé des ingénieries dont la finalité est d'obtenir un comportement universel consumériste. Le « marketing » est l'une de ces ingénieries développée essentiellement dès lors que l'offre fut supérieure à la demande. La demande n'étant pas assez soutenue, il convenait de la renforcer par la création de besoins. Ne nous trompons pas, il ne s'agit pas, pour les marchands, de répondre aux besoins des individus mais bien de créer des besoins pour répondre à ceux des marchands. Les techniques de propagande et de conditionnement sont largement utilisées : envahissement de l'espace des sens par le matraquage (en France, une personne est « touchée » par plus de 300 000 messages publicitaires par an) et créer ainsi un conditionnement. Celui-ci s'appuie sur une hypothèse simple : le comportement des consommateurs n'est ni rationnel, ni conscient mais archétypal ; la consommation est un acte de prédation, seul cet acte produit une satisfaction réputée être le bonheur, satisfaction conditionnée à être renouvelée sans cesse. Réduire la personne au seul acte de prédation c'est garantir la prévisibilité de son comportement.

Les marchands, eux aussi, cherchent à percer les profondeurs de notre intimité. Le dernier outil en vogue : le neuromarketing ; observer l'activité cérébrale, analyser les émotions, comprendre les conditionnements. Une entreprise a analysé les clignements des yeux d'une personne pour évaluer la différence du plaisir qu'elle ressentait à manger une glace ou du chocolat. Aux Etats-Unis, les banques utilisent le neuromarketing pour améliorer la présentation d'une offre de crédit ; notre transparence malgré nous pour une prévisibilité certaine : dans cet

exemple, souscrire à l'offre de crédit. Les marchands
« trivialisent » nos comportements ; nous devenons
prévisibles, nous devenons consommateurs : la
transparence du geste.

Les pouvoirs politiques

Inspiré par toutes les techniques manipulatoires du
marketing marchand, les partis politiques des
démocraties ne poursuivent pas d'autre but que celui
d'influencer le comportement de l'électeur. Le
mécanisme central est l'utilisation de la peur. L'idée
est simple : troubler la raison et le jugement d'une
population pour conditionner celle-ci ; rien n'est
équivalent à l'utilisation de la puissance émotionnelle
de la peur.

La peur sidère la pensée, elle trouble l'esprit, elle
conduit à la réaction, elle demande à être rassurée.
Les pouvoirs politiques se sont alors saisis de cette
demande artificiellement créée pour construire une

société « maternisante » – évoquée plus haut – où tout converge vers la suppression de l'expression populaire muselée par la peur, où l'offre politique fait silence dans la société. Il y a la volonté de créer une relation symbiotique où le pouvoir devance la demande sécuritaire. La peur paralyse le comportement et ainsi réduit son incertitude.

Nous avons assisté à la profusion de règlementations liberticides à la suite des attentats du 11 septembre 2001 aux Etats-Unis.

Les crises, et notamment la dernière crise économique, ont le même objectif : la réduction de l'incertitude des comportements des peuples. Utiliser la peur pour procéder à des « réformes », pour changer les structures sociales, pour inviter les individus à ne plus juger de la situation du monde et du pays et déléguer son pouvoir et sa volonté à une puissance intérieure (le gouvernement), extérieure (les marchés) ou transcendante (Dieu).

Ici, ce sont les sondages qui servent à envahir notre inimité : plus de 260 sondages de janvier 2007 jusqu'aux élections présidentielles mais aussi la constitution d'un ensemble des fichiers dont les informations sont recoupées à des fins de « sécurité intérieure » : la transparence citoyenne.

Nous sommes percés à jour, notre intimité est livrée aux neuromarketing, aux confesseurs de tous ordres (psy, coach, prélats…) ; nous sommes trivialement prévisibles ; nous ne jouons plus à la marelle.

2024

La bourse est en repli de 0,2 point, le chômage a passé la barre des 10%, la croissance annuelle prévisionnelle est estimée à 1,01%, la production industrielle a enregistré une baisse de 2%, le déficit de sécurité sociale s'est creusé de 0,5 % pour le troisième semestre, contrat militaire signé avec la Lybie d'un montant de plus de 1 milliard d'euros, le chiffre d'affaire des agences de tourisme a augmenté pour les périodes de fin d'année, la vente de véhicule neuf a enregistré une baisse de 10%… Nous sommes en 2024.

Le réel est chiffré, quantifié, compte-rendu transparent de la machine triviale. Les Hommes sont exclus, ils sont dorénavant décrits par masses anonymes, réifiées (masse salariale, chômeurs, fonctionnaires, jeunes, quartiers difficiles, gens du voyage, immigrés…), exit Agnès, Michel, Jean, Hélène, exit le non-trivial, exit l'incertitude.

L'enseignement a exclu l'ensemble des « humanités », les programmes sont expurgés de tout savoir qui permettrait de penser par soi-même, les connaissances dispensées sont celles des gestionnaires, exit l'histoire et particulièrement celle des peuples, exit grammaire et syntaxe, le langage de gestion n'a besoin que de quatre cents mots ; exit la controverse, le débat, la confrontation. La gestion est mécanique et se passe fort bien de la pensée… uniformisation totale : même idée, même mot ; exit la culture.

Nous sommes en 2024 et tout commence par : « Pour votre sécurité… ». Staline en a rêvé, la démocratie l'a fait.

Quitter

Remplacer la certitude par le mouvement conseillait Montaigne ; y a-t-il encore un mouvement possible dans une pensée « débit-crédit » ? L'opinion règne sur toute chose, le réel n'étant plus accessible, réduit au simplisme par le chiffre.

Diogène avait allumé une lanterne en plein jour en disant : « Je cherche un homme. » Les jours sont trop sombres pour que les Hommes apparaissent. Encerclés par des certitudes marchandes vulgaires, déterminés à n'être que passifs stockés ou actifs immobilisés, les Hommes ont disparu. Ils ont disparu en déléguant leur responsabilité à des systèmes, à des croyances, à des processus, à une main invisible.

Ce qui nous extrait de la nature c'est notre histoire qu'avons-nous à craindre de la poursuivre ? La mort ? Sommes-nous vivants ?

Quel risque y a-t-il à mettre un pied devant l'autre ? La chute ? Sommes-nous debout ?

Mus par nos névroses (gardons-les), anéantis par nos souffrances (soignons-les), grandis par nos enthousiasmes (cultivons-les), troublés par nos chagrins (souvenons-nous en), traversés par un flot d'émotions nous sommes vivants, cherchant une direction (la nôtre), sans directive (la leur). Alors marcher en évitant les chemins trop fréquentés, rompre symboliquement avec le vrai, changer de convictions quand elles sont usées, éviter la conformité pour ne plus se soumettre au calibrage. Aimons enfin ce déséquilibre constant d'un pas à l'autre, d'un jour à l'autre, de moi à l'autre, d'une caresse à l'autre ; ces ponts affectueux qui relient l'instant à l'instant sans certitude d'un devenir. Nous étions tous épiciers de Tarnac, nous sommes maintenant Gens du Voyage et Français d'origine étrangère.

Nous ne sommes plus statistiques mais improbables, nous ne sommes plus sondés mais insondables, nous ne sommes plus routines mais accidents, libérés de la nécessité, nous sommes hasardeux.

Collectivement nous savons le faire : échec de la démesure de la campagne à propos de la Grippe A, déchaînement paranoïaque de la presse, tentative éhontée d'apeurement des foules par les marchands de santé et leurs affidés ministériels ; nous avons résisté.

Référendum de 2005 sur le Traité constitutionnel européen : les médias prônent (à quelques exceptions près) le oui en brandissant la menace de l'écroulement de l'Europe, « voter non c'est être antieuropéen ». Selon l'émission « Arrêt sur images » du 10 avril 2005,

29% des interventions télévisées furent en faveur du Non contre 71% en faveur du Oui. Les Français ont voté non à 54,67% ; nous avons su résister.

Nous ne sommes conditionnables que si nous le voulons ; nos choix nous appartiennent en conscience et cette conscience, préservons-la.

Gardons-nous de la transparence, cultivons la confidentialité. Sans confidentialité, comment pourrais-je exprimer mon désarroi à mon confident ? Décrire ma douleur à mon médecin ? Raconter les secrets de ma vie à mon avocat ?

Oui, il y a bien une confidentialité qui n'entre pas dans la sphère du pouvoir, mais dans celle de la relation d'Homme à Homme, d'être à être. C'est un espace et un temps de secret absolu où l'histoire personnelle peut prendre un sens, où ce qui est enfoui dans la confusion peut naître et sortir à la lumière.

C'est dans cette relation confidentielle que peut apparaître une transparence pour soi.

Ainsi, la vie mêle ombre et lumière comme un jeu d'énigme et de résolution, l'horreur commence dès lors que ce jeu est instrumentalisé par les pouvoirs avec cette tentation forte d'éclairer la confidentialité de l'individu : les tests pseudo psy (déjà évoqués), la tentative d'éradication de nos grains de folie, la recherche permanente de la transparence individuelle pour maintenir la confidentialité des pouvoirs. L'harmonieuse joute de l'obscur et du lumineux sombre dans l'intolérable combat entre la part d'ombre de chacun et la part d'ombre des organisations.

Craignons le règne des ténèbres, mais craignons également le règne de la lumière qui ne ferait pas d'ombre.

L'histoire continue

Nous soustraire à l'uniformité, résister au conditionnement là où nous sommes, nous extraire de la pensée commune, retrouver les marges pour nous donner plus d'espace, questionner encore et encore les propagandes jusqu'à montrer leur néant et puis jouer entre nous. Construire une éthique vivante sans espérance, débarrasser l'instant des futurs promis, ôter le poids du raisonnable pour retrouver la raison, s'égarer pour ne pas nous perdre, attentifs à ces zones qui obscurcissent notre liberté, ces tentatives de pénétrer en nous pour nous occuper. Résistons à cette occupation, débranchons les télés, rompons avec les psys, refusons l'évaluation manipulatrice, dénonçons la trivialité et préservons l'improbable, l'imprévisible et l'incertain : prenons le pouvoir de faire un destin, de franchir les « Rubicons » avec nos légions. L'histoire n'est pas faite, ne la laissons à personne d'autre.

Dans les moments apaisés de notre pensée surgit un bonheur enterré sous les poubelles consommatrices, sous les déjections politiciennes, sous le fatras culpabilisants des morales du ressentiment ; débarrassé des craintes et des espoirs, ce bonheur contribue à l'histoire sans fin.

Ne laissons pas finir l'histoire ; soyons incertains !

TABLE